folio benjamin

*Pour Asha, Maya et Torah
qui n'ont pas de problème avec leurs mères*

ISBN : 2-07-054812-0
Titre original : *The Trouble with Mum*
Publié par William Heinemann Ltd., Londres
© Babette Cole, 1983, pour le texte et les illustrations
© Éditions du Seuil, 1983, pour la traduction française
© Éditions Gallimard Jeunesse, 2001,
pour la présente édition

Numéro d'édition : 02994
Loi n° 46-956 du 16 juillet 1949
sur les publications destinées à la jeunesse
Dépôt légal : octobre 2001
Imprimé en Italie par Editoriale Lloyd
Réalisation Octavo
Mise en page Karine Benoit

Babette Cole

J'ai un problème avec ma mère

GALLIMARD JEUNESSE

Le problème avec ma mère,
c'est ses chapeaux.

Quand elle m'a amené
à ma nouvelle école,

les autres enfants me regardaient
d'un air drôlement bizarre…

Elle ne s'entendait pas toujours très bien…

... avec les autres parents.

Ils me demandaient toujours
où était mon papa.
Je leur répétais ce que ma mère
m'avait dit :

– Il restera en bocal jusqu'à
ce qu'il n'aille plus au bistrot.

Un matin, la maîtresse nous demanda
si nos mamans pourraient faire
des gâteaux pour le goûter de l'école…

Ma mère en fit…

Ce fut un désastre épouvantable.
Mais les copains, eux, faillirent
mourir de rire.

Et ils voulurent tous venir jouer chez moi.

Je ne savais pas ce qu'ils penseraient
de la maison de ma mère.
– N'y allez pas, dirent les parents.
Mais ils vinrent quand même.

Ils adorèrent nos petits animaux familiers.

On les présenta à grand-mère.

Ma mère fut formidable.

On s'amusa comme des fous.

Mais l'arrivée de leurs parents gâcha vraiment tout.

Qu'est-ce qu'elle a pris, ma mère !

Maman était toute triste.

Mes nouveaux amis aussi.
– Elle est sympa, ta mère, mais on n'a plus le droit de venir jouer chez toi.

Un jour, il y eut le feu à l'école.
On a cru qu'on allait tous rôtir.

Mais ma mère arriva même avant les pompiers !

Et elle éteignit le feu toute seule.

Les parents félicitèrent ma maman :
– Vous avez sauvé nos enfants.

Depuis, on joue comme des fous
dans la maison de maman.

folio benjamin

Si tu as aimé cette histoire de
Babette Cole, découvre aussi :
La princesse Finemouche 17

Et dans la même collection :
Les Bizardos 2
écrit et illustré par
Allan et Janet Ahlberg
Si la lune pouvait parler 4
Un don de la mer 5
écrits par Kate Banks
et illustrés par Georg Hallensleben
Le monstre poilu 7
Le retour du monstre poilu 8
écrits par Henriette Bichonnier
et illustrés par Pef
Les cacatoès 10
Le bateau vert 11
Armeline Fourchedrue 12
Zagazou 13
écrits et illustrés par Quentin Blake
**La véritable histoire
des trois petits cochons** 3
illustré par Erik Blegvad
Le Noël de Salsifi 14
écrit et illustré par Ken Brown
**Une histoire sombre,
très sombre** 15
écrit et illustré par Ruth Brown
L'énorme crocodile 18
écrit par Roald Dahl
et illustré par Quentin Blake
Trois amis 20
écrit et illustré par Helme Heine
La bicyclette hantée 21
écrit par Gail Herman
et illustré par Blanche Sims

Il y a un cauchemar dans mon placard 22
écrit et illustré par Mercer Mayer
Le trésor de la momie 23
écrit par Kate McMullan
et illustré par Jeff Spackman
Oh là là ! 19
Fou de football 24
Voyons... 25
écrits et illustrés par Colin McNaughton
La sorcière aux trois crapauds 26
écrit par Hiawyn Oram
et illustré par Ruth Brown
Rendez-moi mes poux ! 9
**La belle lisse poire
du prince de Motordu** 27
Le petit Motordu 28
écrits et illustrés par Pef
Les aventures de Johnny Mouton 29
écrit et illustré par James Proimos
Pierre et le loup 30
écrit par Serge Prokofiev
et illustré par Erna Voigt
Je veux mon p'tipot ! 31
Je veux une petite sœur ! 32
Le garçon qui criait : «au loup» ! 33
écrits et illustrés par Tony Ross
Au revoir Blaireau 34
écrit et illustré par Susan Varley
Chut, chut, Charlotte ! 1
Le sac à disparaître 35
écrits et illustrés par Rosemary Wells
Mon bébé 6
écrit et illustré par Jeanette Winter
Blorp sur une étrange planète 36
écrit et illustré par Dan Yaccarino